Collection conçue et dirigée
par Claire Debru

Quand tout a été dit sans qu'il soit possible de tourner la page, écrire à l'autre devient la seule issue. Mais passer à l'acte est risqué. Ainsi, après avoir rédigé sa Lettre au père, *Kafka avait préféré la ranger dans un tiroir.*

Écrire une lettre, une seule, c'est s'offrir le point final, s'affranchir d'une vieille histoire.

La collection « Les Affranchis » fait donc cette demande à ses auteurs : « Écrivez la lettre que vous n'avez jamais écrite. »

Annie Ernaux

L'AUTRE FILLE

les affranchis

NiL

Photo page 17 : rue de l'Ecole ; © D.R.
Photo page 73 : Lillebonne ; © D.R.

© NiL éditions, Paris, 2011
ISBN 978-2-84111-539-6

« La malédiction des enfants,
c'est qu'ils croient. »

Flannery O'Connor

C'est une photo de couleur sépia, ovale, collée sur le carton jauni d'un livret, elle montre un bébé juché de trois quarts sur des coussins festonnés, superposés. Il est revêtu d'une chemise brodée, à une seule bride, large, sur laquelle s'attache un gros nœud un peu en arrière de l'épaule, comme une grosse fleur ou les ailes d'un papillon géant. Un bébé tout en longueur, peu charnu, dont les jambes écartées avancent, tendues jusqu'au rebord de la table. Sous ses cheveux bruns ramenés en rouleau sur son front bombé, il écarquille les yeux avec une intensité presque dévorante. Ses bras ouverts à la manière d'un poupard semblent s'agiter. On dirait qu'il va bondir. Au-dessous de la photo, la signature du photographe – M. Ridel, Lillebonne – dont les initiales entrelacées ornent aussi le coin supérieur gauche de la couverture, très salie, aux feuillets à moitié détachés l'un de l'autre.

Quand j'étais petite, je croyais – on avait dû me le dire – que c'était moi. Ce n'est pas moi, c'est toi.

Il y avait pourtant une autre photo de moi, prise chez le même photographe, sur la même table, les cheveux bruns pareillement en rouleau, mais j'apparaissais dodue, avec des yeux enfoncés dans une bouille ronde, une main entre les cuisses. Je ne me souviens pas avoir été intriguée alors par la différence, patente, entre les deux photos.

Aux alentours de la Toussaint je vais au cimetière d'Yvetot fleurir les deux tombes. Celle des parents et la tienne. D'une année sur l'autre j'oublie l'emplacement mais je me repère à la croix haute et très blanche, visible depuis l'allée centrale, qui surmonte ta tombe, juste à côté de la leur. Je dépose

sur chacune un chrysanthème de couleur
différente, quelquefois sur la tienne une
bruyère, dont j'enfonce le pot dans le
gravier de la jardinière creusée exprès, au
pied de la dalle.

Je ne sais pas si on pense beaucoup devant les tombes. Devant celle des parents, je
m'attarde un moment. C'est comme si je
leur disais « me voilà », et leur apprenais ce
que j'étais devenue depuis un an, ce que
j'avais fait, écrit, espérais écrire. Après je
passe à la tienne, à droite, je regarde la stèle,
je lis chaque fois l'inscription en grands ca-
ractères dorés, trop rutilants, refaits grossiè-
rement dans les années quatre-vingt-dix
par-dessus les anciens, plus petits, devenus
illisibles. De son propre chef, le marbrier a
supprimé la moitié de l'inscription d'origine, choisissant de ne laisser sous tes nom
et prénom que cette unique mention,
certainement parce qu'il la jugeait pri-
mordiale : « Décédée le Jeudi-Saint 1938 ».
C'est elle qui m'avait frappée aussi la première fois que j'ai vu ta tombe. Comme la
preuve inscrite dans la pierre du choix de
Dieu et de ta sainteté. Depuis vingt-cinq

ans que je viens sur les tombes, à toi je n'ai jamais rien à dire.

D'après l'état civil tu es ma sœur. Tu portes le même patronyme que le mien, mon nom de « jeune fille », Duchesne. Dans le livret de famille des parents presque en lambeaux, à la rubrique Naissance et Décès des Enfants issus du Mariage, nous figurons l'une au-dessous de l'autre. Toi en haut avec deux tampons de la mairie de Lillebonne (Seine-Inférieure), moi avec un seul – c'est dans un autre livret officiel que sera remplie pour moi la case décès, celui qui atteste de ma reproduction d'une famille, avec un autre nom.

Mais tu n'es pas ma sœur, tu ne l'as jamais été. Nous n'avons pas joué, mangé, dormi ensemble. Je ne t'ai jamais touchée, embrassée. Je ne connais pas la couleur de tes yeux. Je ne t'ai jamais vue. Tu es sans corps, sans voix, juste une image plate sur quelques photos en noir et blanc. Je n'ai pas de mémoire de toi. Tu étais déjà morte depuis deux ans et demi quand je suis née. Tu es l'enfant du ciel, la petite fille invisible dont on ne parlait jamais, l'absente de toutes les conversations. Le secret.

Tu as toujours été morte. Tu es entrée morte dans ma vie l'été de mes dix ans. Née et morte dans un récit, comme Bonny, la petite fille de Scarlett et de Rhett dans *Autant en emporte le vent*.

La scène du récit se passe pendant les vacances 1950, le dernier été des grands jeux du matin au soir entre cousines, quelques filles du quartier et des citadines en vacances à Yvetot. On jouait à la marchande, aux grandes personnes, on se fabriquait des maisons dans les nombreuses dépendances de la cour du commerce des parents, avec des casiers à bouteilles, des cartons et des vieux tissus. On chantait chacune son tour, debout sur la balançoire, *Il fait bon chez vous Maître Pierre* et *Ma guêpière et mes longs jupons*, comme au crochet radiophonique. On s'échappait pour cueillir des mûres. Les garçons étaient interdits par les parents sous le prétexte qu'ils préféraient les jeux brutaux. Le soir on se séparait, sales comme des peignes. Je me lavais les bras et les jambes, heureuse de recommencer le lendemain. L'année d'après, les filles seront toutes dispersées, ou fâchées, je m'ennuierai et je ne ferai que lire.

Je voudrais continuer à décrire ces vacances-là, retarder. Faire le récit de ce récit, ce sera en finir avec le flou du vécu, comme entreprendre de développer une pellicule photo conservée dans un placard depuis soixante ans et jamais tirée.

C'est un dimanche en fin d'après-midi, au début de la voie étroite qui longe l'arrière de l'épicerie et du café des parents, la rue de l'Ecole, appelée ainsi à cause d'une école maternelle privée qu'il y aurait eue au début du siècle, près du jardinet de roses et de dahlias, protégé par un haut grillage qui court tout le long du mur au-dessus d'un talus de mauvaises herbes. De l'autre côté, une haie épaisse et haute. Depuis un moment indéterminé, ma mère est en grande conversation avec une jeune femme du Havre qui passe les vacances avec sa petite fille de quatre ans chez ses beaux-parents, les S., dont la maison se trouve à une dizaine de mètres plus loin dans la rue de l'Ecole. Sans doute est-elle sortie du magasin, qui ne ferme jamais à cette époque, pour continuer de bavarder avec sa cliente. Je joue près d'elles avec la petite fille, elle s'appelle Mireille, à courir et nous attraper. Je ne sais pas comment j'ai été alertée, peut-être la voix de ma mère plus basse d'un seul coup. Je me suis mise à l'écouter, comme si je ne respirais plus.

Je ne peux pas restituer son récit, seulement sa teneur et les phrases qui ont traversé toutes les années jusqu'à aujourd'hui, se sont propagées en un instant sur toute ma vie d'enfant comme une flamme muette et sans chaleur, tandis que je continuais de danser et de tournoyer à côté d'elle, tête baissée pour n'éveiller aucun soupçon.

[Ici, il me semble que les paroles déchirent une zone crépusculaire, me happent et c'en est fini.]

Elle raconte qu'ils ont eu une autre fille que moi et qu'elle est morte de la diphtérie à six ans, avant la guerre, à Lillebonne. Elle décrit les peaux dans la gorge, l'étouffement. Elle dit : *elle est morte comme une petite sainte*

elle rapporte les paroles que tu lui as dites avant de mourir : *je vais aller voir la Sainte Vierge et le bon Jésus*

elle dit *mon mari était fou* quand il t'a trouvée morte en rentrant de son travail aux raffineries de Port-Jérôme

elle dit *c'est pas pareil de perdre son compagnon*

elle dit de moi *elle ne sait rien, on n'a pas voulu l'attrister*

A la fin, elle dit de toi *elle était plus gentille que celle-là*

Celle-là, c'est moi.

Pas plus qu'une photo, la scène du récit n'a bougé. Je vois la place exacte des deux

femmes dans la rue, l'une par rapport à l'autre. Ma mère en blouse blanche s'essuyant les yeux de temps en temps avec son mouchoir. La silhouette de la jeune femme, plus élégante que les clientes habituelles, en robe claire, ses cheveux tirés en arrière en un chignon bas, sa figure d'un ovale doux. (Par ce prélèvement spontané qu'effectue la mémoire dans la multitude des êtres rencontrés pour les apparier, à la façon de figures d'un jeu de cartes, je la confonds maintenant avec la directrice d'une colonie de vacances où j'ai été monitrice à Ymare, près de Rouen, en 1959, dont le totem était Fourmi et qui s'habillait de blanc et de beige.)

Plus que tout, la réalité de la scène m'est attestée par une sorte d'hallucination corporelle, je me *sens* courir en cercles rapprochés autour des deux femmes, je *vois* les silex de la rue de l'Ecole, qui ne sera goudronnée que dans les années quatre-vingt, le talus, le grillage, la lumière faiblissante, comme s'il fallait absorber tout le décor du monde pour supporter ce qui arrive.

18

Je ne peux pas dater avec exactitude ce dimanche d'été mais je l'ai toujours situé en août. Il y a vingt-cinq ans, en lisant le *Journal* de Pavese, j'ai découvert que celui-ci s'était suicidé dans une chambre d'hôtel à Turin le 27 août 1950. J'ai aussitôt vérifié, ça tombait un dimanche. Depuis, j'imagine qu'il s'agit du même.

Je m'en éloigne d'année en année, mais c'est une illusion. Il n'y a pas de temps entre toi et moi. Il y a des mots qui n'ont jamais changé.

Gentille. Il me semble que je savais déjà que ce mot-là ne pouvait pas m'être appliqué d'après les qualificatifs que je recevais quotidiennement de la part des parents, au gré de mes comportements : *intrépide, coquette sale, goulue, mademoiselle je sais tout, déplaisante, tu as le diable au corps.* Mais leurs reproches glissaient sur moi dans la certitude d'être aimée que prouvaient leur souci constant de ma petite personne et leurs cadeaux. Fille unique, gâtée parce qu'unique, toujours première de classe sans effort, je me sentais, en somme, le droit d'être ce que j'étais.

Gentille, je ne l'étais pas non plus au regard de Dieu, comme me l'avait signifié catégoriquement l'abbé B., lors de ma première confession à sept ans, quand j'avais avoué de « mauvaises actions seule et avec d'autres » relevant aujourd'hui d'un éveil normal à la sexualité et qui me vouaient selon lui à l'Enfer. Comme me le confirmera aussi un jour la directrice du pensionnat en me traversant de ses yeux étincelants « on peut avoir vingt partout en classe et ne pas être agréable à Dieu ». Je ne manifestais pas d'appétence pour les choses de la religion. Je n'aimais pas Dieu, j'en avais peur, mais personne ne s'en doutait – juste rétive, silencieuse, lorsqu'elle me chuchotait à l'église, agenouillée devant la lumière rouge, *prie bien le bon Jésus*, injonction que je ressentais comme une puérilité indigne de la mère toute-puissante qu'elle était.

Gentille, ça voulait dire aussi affectueuse, câline, « amitieuse » ainsi qu'on disait en

normand pour les enfants et les chiens.
Distante avec les adultes, préférant les
observer et les écouter plutôt que les em-
brasser, je ne passais pas pour telle. Mais
avec eux deux, j'étais sûre de l'être, plus
même que d'autres enfants.

Soixante ans après je n'en finis pas de
buter sur ce mot, d'essayer d'en démêler les
significations par rapport à toi, à eux, alors
que son sens a été aussitôt fulgurant, qu'il a
changé ma place en une seconde. Entre eux
et moi, maintenant il y a toi, invisible, ado-
rée. Je suis écartée, poussée pour te faire de
la place. Repoussée dans l'ombre tandis que
tu planes tout en haut dans la lumière éter-
nelle. Comparée, moi l'incomparable, l'enfant unique. La réalité est affaire de mots,
système d'exclusions. Plus/Moins. Ou/Et.
Avant/Après. Etre ou ne pas être. La vie ou
la mort.

Entre ma mère et moi, deux mots. Je les
lui ai fait payer. J'ai écrit contre elle. Pour
elle. A sa place, d'ouvrière fière et humiliée.

Plus gentille, je me demande si elle ne m'a pas donné le droit, ou même l'injonction, de ne pas l'être, gentille. Ce dimanche je n'apprends pas ma noirceur, elle devient mon être. Le jour du récit est le jour du jugement.

A vingt-deux ans, après une dispute à table avec eux, j'écris dans mon journal : « Pourquoi, depuis toujours, ai-je envie de faire le mal et par ailleurs je souffre toujours ? »

Rien de ce qui se passe dans l'enfance n'a de nom. Je ne sais pas ce que je ressentais, mais je n'étais pas triste. Quelque chose comme « flouée », mais ce mot lié à ma lecture de Beauvoir bien des années plus tard me paraît irréel, sans poids, inapte à se poser sur mon être d'enfant. Après avoir cherché longuement, le mot qui me vient comme le plus juste, irréfutable, c'est *dupe*. J'étais dupe dans le sens populaire, mortifiée. J'avais vécu dans l'illusion. Je n'étais pas unique. Il y en avait une autre surgie du néant. Tout l'amour que je croyais recevoir était donc faux.

Il me semble aussi que je t'en voulais d'avoir dit que tu allais voir la Sainte Vierge et le bon Jésus. Des paroles qui me montraient toute mon indignité puisqu'elles n'auraient jamais franchi mes lèvres, que je ne voulais pas voir Dieu. Après, adulte, c'est à elle que j'en ai voulu, jusqu'à la rage, de t'avoir fait croire à des billevesées. Maintenant, je n'ai plus de colère, j'accepte l'idée que toute consolation, une prière, une chanson, vaut au moment de basculer dans le néant et je préfère penser que tu es partie heureuse.

Selon ma cousine G., c'est C., une autre cousine, qui, un ou deux ans auparavant, m'aurait révélé ton existence et ta mort. Je l'imagine volontiers faraude d'être la première à m'apprendre ce que j'avais toujours ignoré, exactement comme je me rappelle qu'elle l'était en m'instruisant des secrets du sexe qu'avec ses trois ans de plus que moi elle n'ignorait plus. Mais je n'en ai aucun souvenir. Le soleil uniforme des vacances s'étend sur ce moment-là, perdu.

Peut-être que je résistais à croire en ton existence, que je préférais la supprimer.

[Est-ce que je t'écris pour te ressusciter et te tuer à nouveau ?]

Je m'interroge, peut-être es-tu déjà là dans cet après-midi d'été que je situe un an ou deux avant le récit. Je suis dans le jardin et j'écris une nouvelle, l'histoire d'une petite fille en vacances dans une ferme, qui meurt étouffée accidentellement sous une « villotte », comme on appelle en pays de Caux les meules de paille dressées dans les champs après la moisson. Je la fais lire à mon père, qui s'émerveille de mes capacités devant les clients du café – avec excès, j'avais trouvé. A elle aussi, mais je ne me souviens pas de son jugement.

Es-tu encore dans ce rêve éveillé que j'ai fait avec persistance de cinq à dix ans : je suis couchée dans un berceau garni de voilages roses avec J., une petite réfugiée du Havre à Lillebonne en 1944, ma compagne préférée de jeux au jardin public, que je retrouvais avec enthousiasme une fois par an, l'été, au cours d'un grand repas réunissant nos parents. Dans le berceau je nous vois serrées l'une contre l'autre, comme deux poupées aux yeux ouverts. C'était l'image du bonheur parfait. (En écrivant sur ma mère, en 1986, je l'appellerai « le rêve rose » mais il ne figurera pas dans le livre parce que je n'étais pas sûre de la signification, très clichée, que je lui prêtais alors, celle d'une nostalgie de l'état utérin.)

Et, naturellement, tu as dû rôder autour de moi, m'environner de ton absence dans la rumeur ouatée qui enveloppe les premières années d'arrivée au monde. Dans des récits faits à d'autres femmes, à la boutique, sur les bancs du jardin public où, faute de marchandises et de clients, elle m'emmenait tous les après-midi pendant la guerre. Mais ceux-là n'ont déposé aucune trace dans ma conscience. Ils sont restés sans images et sans mots.

Seul est resté dans ma mémoire ce récit-là que je ne devais pas entendre, qui ne m'était pas destiné, adressé à cette jeune femme élégante qui l'écoutait sans doute avec la fascination du malheur redouté pour soi. Le seul récit vrai, celui avec ses mots et sa voix à elle, sa voix *autorisée* parce qu'elle était *là* et parce qu'elle était la plus forte du couple, celle des deux – je l'ai compris ce jour-là – qui supporterait la mort de l'autre. Un récit clos, définitif, inaltérable, qui te fait vivre et mourir comme une sainte, comme Thérèse de Lisieux dont la photo immense sous verre trône sur un mur de la chambre. Le récit unique – il n'y en aura jamais d'autre – qui inaugure pour moi le monde où tu existes en morte et en sainte. Le récit qui profère la vérité et m'exclut.

Quand j'y réfléchis, comment se fait-il que, consciente de ma présence puisqu'elle me désigne, elle se soit laissée aller à parler de toi ? L'explication psychanalytique – par une ruse de son inconscient, ma mère aurait trouvé ainsi le moyen de me révéler le secret de ton existence et j'aurais été la véritable destinataire du récit – est, comme d'habitude, séduisante. Elle ignore l'histoire des mentalités. Dans les années cinquante, les adultes nous considéraient, nous, les enfants, comme des êtres aux oreilles négligeables, devant qui on pouvait tout dire sans conséquence à l'exception des choses sexuelles, objet seulement d'allusions. Et ceci, dont je suis sûre parce que j'ai souvent entendu, ensuite, ces récits mortuaires, confiés de femme à femme, dans un train, un salon de coiffure ou dans la cuisine autour d'une tasse de café, sortes de *memento mori* où toute la douleur s'épanche et se partage dans la précision des circonstances et l'énumération des détails : ayant commencé à parler de toi, elle était incapable de s'arrêter, de ne pas aller jusqu'au bout, trouvant dans la narration de ta disparition à cette jeune mère, qui l'entendait pour la première fois, la consolation d'une forme de résurrection.

Il y a une autre histoire.

Mes photos de bébé rebondi et de fillette robuste sont trompeuses. A dix ans, au moment du récit de ta mort, j'ai un lourd passé d'enfant délicate, victime d'affections insolites, d'accidents, qu'on détaille devant moi et qui me distinguent des autres enfants banalement atteints de rougeole et de varicelle – que j'attrape aussi et qui durent plus longtemps – quelque chose entre une malédiction et une grâce. Très tôt je suis mal partie. A quelques mois, une fièvre aphteuse – cas rarissime d'une transmission de la vache à un humain par le lait du biberon – puis, quand je commençais à marcher, la découverte par une cliente de l'épicerie d'une boiterie qui m'a valu d'être immobilisée dans le plâtre pendant une demi-année. Une chute à quatre ans sur un tesson de bouteille, dans la courette derrière la maison, qui m'a troué la lèvre – elle disait en levant l'index *j'aurais pu y mettre le doigt* – et laissé une cicatrice en bourrelet. En plus, une myopie qui ne cesse de s'aggraver et des dents déjà cariées.

Dans cette énumération il manque l'essentiel. A cinq ans j'ai failli mourir et il y a un autre récit. De celui-là, c'est moi qui suis l'héroïne. Je le connais par cœur le dimanche d'été où tu surgis dans mon existence d'enfant. Elle, ma mère, l'a fait tant de fois sans se cacher, en ma présence, plus souvent que mon père – ce sont les femmes qui tiennent le registre des enfances –, toujours avec allégresse, parce qu'il suscite invariablement la stupeur incrédule et l'émerveillement de ceux qui l'entendent.

En août 1945, dans le jardin public de Lillebonne, je me suis blessée au genou avec un clou rouillé. Plusieurs jours après, ma fatigue anormale, ma nuque raide et mes difficultés à ouvrir la bouche les ont décidés à appeler le médecin. C'était un débutant.

Après m'avoir examinée il est resté silencieux puis il a dit *j'espère me tromper, je vais chercher un confrère.* C'était le tétanos. Ni elle ni lui ne savaient ce que c'était, ils n'en avaient jamais entendu parler. Les médecins m'ont injecté des doses massives de sérum antitétanique et ils ont dit *si elle ne desserre pas les dents d'ici ce soir elle est perdue.* Alors elle m'a fait boire de l'eau de Lourdes en la glissant entre mes dents déjà serrées. Ma bouche s'est rouverte. L'année suivante, en action de grâces, elle est allée à Lourdes, voyageant toute une nuit dans un train aux banquettes de bois, avec une boîte de sardines pour seule nourriture à cause des restrictions et elle a fait le chemin de croix, à genoux, dans la montagne. Elle m'a rapporté une poupée qui marchait toute seule et qu'on a appelée Bernadette.

Sans doute à cause de la réitération de ce récit, j'ai fixé tôt les images de ce moment que je ne me souviens pas avoir vécu avec beaucoup d'effroi, bien moins en tout cas que les bombardements. Je revois le jardin public ensoleillé, je cours vers mes parents parce que je me suis fait mal en m'amusant à grimper sur un banc aux lattes arrachées, ils sont couchés dans l'herbe, je leur montre un petit trou rougi au-dessous du genou gauche, ils disent *c'est rien, va jouer*

je suis sur une chaise longue dans la cuisine, je ne joue pas, ma cousine C. est là en vacances chez nous, après manger elle monte sur la table et chante *Gentil coquelicot mesdames gentil coquelicot nouveau*, je suis jalouse

je vois les images confuses d'un remue-ménage, d'allées et venues autour de ma chaise longue

je suis dans mon petit lit près du leur, elle est penchée au-dessus de moi

plus tard, sans doute un autre jour, un flot de sang m'emplit la bouche, il y a du monde dans la chambre et elle crie qu'il faut m'étendre à plat, me mettre une clef dans le dos pour arrêter l'hémorragie

je revois Bernadette, la poupée raide qu'on ne pouvait pas asseoir, en robe bleue

L'ordre des deux récits, le mien et le tien, est à rebours de celui du temps, de la marche du temps. C'est un ordre dans lequel j'ai failli mourir avant que tu sois morte. J'en suis certaine : ce dimanche d'été 1950, quand j'entends le récit de ta mort, je n'imagine pas, je me souviens. Je *vois*, avec une précision sans doute bien plus grande que maintenant, la chambre de Lillebonne, leur lit à eux parallèle à la fenêtre, le mien en bois de rose tout à côté. JE TE VOIS COUCHEE A MA PLACE ET C'EST MOI QUI MEURS.

Je lis dans un dictionnaire Larousse de 1949 : « Le tétanos une fois déclaré est le plus souvent mortel. Néanmoins on a cité des cas de guérison par administration du sérum antitétanique à doses élevées et répétées. » L'existence du vaccin n'est pas mentionnée. Sur Internet, j'apprends que celui-ci était pourtant obligatoire depuis 1940 pour tous les enfants mais que « sa mise en circulation n'a été effective qu'après 1945 ».

Il me semble avoir toujours été persua-
dée de la supériorité du sérum sur l'eau de
Lourdes, passant celle-ci sous silence les
rares fois où j'ai évoqué cet épisode de
mon enfance, par exemple en 1964 à un
étudiant de médecine, dans sa chambre
de la rue Bouquet, à Rouen, lorsqu'il m'a
parlé de ses gardes à l'hôpital et des pa-
tients atteints du tétanos qui mouraient
dans des souffrances inouïes. M'étaient
alors revenues les paroles effroyables de
ma mère *autrefois on les étouffait entre
deux matelas*.

Parmi les questions que je ne me suis jamais posées : pourquoi n'as-tu pas eu droit
à l'eau de Lourdes ? Ou bien, si, mais ça
n'a pas marché ?

Sérum ou eau bénite, peu importe.
Lourdes, La Salette, Lisieux, Fatima, on
vivait dans la possibilité du miracle,
continuellement présent dans la parole des
prêtres et des religieuses du pensionnat,
dans les brochures vendues à l'église, à cette
époque *Le Pèlerin*, *La Croix*, même la « petite Marie », l'un des enfants de « Brigitte »

– figure idéale de la femme dans une collection éponyme et grand best-seller – avait été guérie de son handicap dans l'eau de la grotte.

La réalité ne pénètre pas les croyances de l'enfance. C'est avec celle-là, du miracle, que j'existais en 1950. Que je continue peut-être d'exister. Et seul compte ce que le premier récit, celui de ma mort annoncée et de ma résurrection a fait au second, celui de ta mort et de mon indignité. Comment ils se sont raccordés. Quelles vérités agissantes ils ont construites. Car il a bien fallu que je me débrouille avec cette mystérieuse incohérence : toi la bonne fille, la petite sainte, tu n'as pas été sauvée, moi le démon j'étais vivante. Plus que vivante, miraculée.

Il fallait donc que tu meures à six ans pour que je vienne au monde et que je sois sauvée.

Orgueil et culpabilité d'avoir été, dans un dessein illisible, choisie pour vivre. Peut-être plus d'orgueil de ma survivance que de culpabilité. Mais choisie pour faire quoi. A vingt ans, après être descendue dans l'enfer de la boulimie et du sang mensuel tari, une réponse est venue : pour écrire. Dans ma chambre chez les parents, j'ai affiché cette phrase de Claudel, soigneusement recopiée sur une grande feuille aux bords brûlés avec un briquet, comme un pacte satanique : « Oui, je crois que je ne suis pas venu au monde pour rien et qu'il y avait en moi quelque chose dont le monde ne pouvait se passer. »

Je n'écris pas parce que tu es morte. Tu es morte pour que j'écrive, ça fait une grande différence.

Je n'ai que six photos de toi qui m'ont toutes été données par des cousines, les unes après l'inhumation de ma mère, les autres très récemment. Je n'en connaissais que deux, conservées par ma mère dans un tiroir de son armoire et qui ont disparu vers 1980, sans doute jetées par elle dans l'une de ses pulsions destructrices, avant-coureuses d'Alzheimer.

Sur ces photos, excepté celle de toi bébé, tu dois avoir entre quatre et six ans. Sans doute ont-elles été prises avec l'appareil qu'ils disaient avoir gagné à la fête foraine avant-guerre et qu'ils garderont jusqu'à la fin des années cinquante, je l'ai utilisé souvent. Presque toujours, tu baisses la tête en grimaçant ou tu te protèges les yeux de ton bras, comme si la lumière te faisait mal, que tu ne puisses pas la supporter. Dans une lettre récente, ma cousine G., qui l'a constaté aussi, en déduit : « elle n'a pas l'air de s'aimer. »

Cette remarque me trouble violemment. Est-ce que tu étais heureuse ? Je ne me suis jamais posé pour toi la question du bonheur, comme si elle était absurde, outrageante, à l'égard d'une petite fille disparue. Comme si leur souffrance à eux de ta perte, leur regret de ta gentillesse, ces preuves de leur amour constituaient la garantie de ton bonheur. En vertu de la croyance que c'est d'être aimé qui rend heureux, tu l'étais infailliblement. Les saintes sont heureuses. Peut-être que tu ne l'étais pas.

Horreur et culpabilité de surprendre en moi cette pensée sauvage que, ça se voit, tu n'étais pas faite pour la vie, ta mort était programmée dans l'ordinateur de l'univers et tu n'as été envoyée sur terre, comme l'écrit Bossuet, que « pour faire nombre ». Honte de sentir en moi ressurgir la croyance, il fallait que tu meures, que tu sois sacrifiée pour que je vienne au monde.

Il n'y a pas eu de prédestination. Seulement une épidémie de diphtérie et tu n'étais pas vaccinée. Suivant Wikipedia, le vaccin a été rendu obligatoire le 25 novembre 1938. Tu es morte sept mois avant.

Deux filles, l'une morte et l'autre qui a failli l'être. Tant qu'elle a vécu, elle qui était la vie dans toute son exubérance m'a semblé porteuse de mort. Attirée par elle et l'attirant. Jusqu'à quatorze ou quinze ans, je croyais confusément qu'elle me laisserait mourir comme toi. Ou alors qu'elle se laisserait mourir exprès, dans une punition générale incluant mon père, comme l'indiquait son *vous verrez quand je ne serai plus là* des jours de grande colère (mais n'était-ce pas plutôt la menace de nous quitter, de partir vivre ailleurs ?). Dans le quartier, on venait la chercher pour les mourants et la toilette des morts. Elle s'y précipitait et revenait dans un état bizarre où je croyais discerner de la satisfaction. D'une jeune fille décédée de la tuberculose, elle avait déclaré *avec son drap autour de la tête on aurait dit sainte Thérèse de Lisieux.* Lorsque j'ai dû être opérée de la hanche à quarante-cinq ans, je pensais que je ne me réveillerais pas de l'anesthésie, que je mourrais avant elle : ainsi elle allait, toi, mon père, et maintenant moi, *nous enterrer tous.*

Dans un dessin de Reiser, on voit, de dos, un homme qui conduit un enfant par la main sur un long pont étroit, sans garde-fou, au-dessus d'un abîme. Derrière eux, à droite, le pont est entaillé, ouvert sur le vide. Devant eux, à gauche, du côté de l'enfant, une faille identique. Observant les empreintes des pas – celles de l'adulte, encadrées par celles de *deux* enfants – on comprend que le père a déjà lâché un premier enfant dans l'abîme et qu'il s'apprête à faire de même pour le second un peu plus loin, tandis que lui-même poursuivra tranquillement sa traversée jusqu'au bout. Reiser a intitulé son dessin *Le pont des enfants perdus*.

Pourtant les faits démentent le mythe : elle m'emmitouflait l'hiver avec excès, au moindre rhume elle envoyait mon père chercher le médecin, elle m'emmenait consulter des spécialistes à Rouen, me payait des soins dentaires hors de prix pour leur bourse, achetait du foie de veau et de la viande rouge rien que pour moi, mais sa remarque « tu nous coûtes les yeux de la tête » sonnait comme un reproche de ma fragilité. Je me sentais coupable de tousser, « d'avoir toujours quelque chose ». Ma survie leur coûtait cher.

Naturellement, je l'adorais. On disait qu'elle était une belle femme et que j'étais de son « côté ». Je m'enorgueillissais de lui ressembler. Je la détestais parfois et je levais le poing devant la glace de l'armoire en souhaitant qu'elle meure. T'écrire c'est te parler d'elle sans arrêt, elle la détentrice du récit, la profératrice du jugement, avec qui le combat n'a jamais cessé, sauf à la fin, quand elle était si misérable, si perdue dans sa déraison et que je ne voulais pas qu'elle meure.

Entre elle et moi c'est une question de mots.

Depuis le début, je n'arrive pas à écrire *notre mère*, ni *nos parents*, à t'inclure dans le trio du monde de mon enfance. Pas de possessif commun. [Cette impossibilité est-elle une façon de t'exclure, de te renvoyer l'exclusion qui a été la mienne dans le récit du dimanche d'été ?]

D'un certain point de vue, considérable, celui du temps, nous n'avons pas eu les mêmes parents.

Quand tu es née en 1932, ils étaient jeunes, mariés depuis quatre ans à peine, des ouvriers ambitieux qui s'étaient endettés pour prendre un fonds de commerce l'année d'avant, dans la Vallée, le quartier des filatures de Lillebonne. Lui continuait de travailler au-dehors, sur un chantier au Hode, ensuite aux raffineries de Port-Jérôme. Autour d'eux et en eux bouillonnait l'espérance ouverte par le Front populaire. Le récit de ces années de vache enragée et l'évocation des soirées dans leur café jusqu'à trois heures du matin se terminaient toujours par « mais en ce temps-là on était jeunes ».

Sur une photo datant de l'avant-guerre, sans date, il la tient, souriant, par les épaules. Elle porte une robe à gros pois avec un col de dentelle claire. Une mèche épaisse lui retombe sur les yeux. Elle ressemble encore à la mariée lisse et frondeuse de 1928. Je ne lui ai jamais vu cette robe ni cette coiffure. Je n'ai pas connu la femme de ton temps à toi.

Au commencement du mien, sur des photos où je figure aussi, sans doute prises au printemps 1945, bien qu'ils sourient il n'y a plus rien de juvénile ni d'insouciant en eux, mais quelque chose d'amorti. Leurs traits sont marqués, alourdis. Elle porte une robe à rayures que je lui ai vue long-temps. Ses cheveux sont remontés en rou-leaux. Ils ont vécu l'Exode, l'Occupation, les bombardements. Ils ont vécu ta mort. Ils sont des parents qui ont perdu un en-fant.

Tu es là, entre eux, invisible. Leur dou-leur.

Ils ont dû te dire « quand tu seras grande », énumérer ce que tu pourras faire, apprendre à lire, monter à vélo, aller seule à l'école, ils t'ont dit « l'année pro-chaine », « cet été », « bientôt ». Un soir, à la place de l'avenir il n'y a plus eu que le vide. Ils ont redit les mêmes mots pour moi. J'ai eu six ans, sept ans, dix ans, je t'avais dépassée. Pour eux il n'y avait plus de comparaison possible. Obscurément, j'ai cru qu'elle m'en voulait de cesser d'être une enfant, de « devenir une jeune fille », mots qu'elle a prononcés le jour de mes premières règles avec une gêne démesurée, presque du bouleversement, en me tendant une garniture périodique.

Le récit que j'ai surpris a été le premier et le dernier. Ils ne m'ont jamais parlé de toi, ni l'un ni l'autre.

Je ne sais quand tes photos ont été cachées dans l'armoire et le livret d'état civil au grenier, dans un coffre-fort rouillé où je l'ai lu – j'avais au moins dix-huit ans – un jour que celui-ci était resté ouvert. Toutes les semaines, chacun leur tour, ils se rendaient au cimetière à bicyclette avec des fleurs du jardin. Quelquefois, l'un demandait à l'autre, discrètement, es-tu allé au cimetière ? Bien avant de savoir qu'ils y reviendraient sept ans plus tard, en 1945, c'est à Yvetot – où demeuraient presque tous les membres des deux familles – qu'ils avaient désiré que tu sois inhumée, non à Lillebonne, afin, sans doute, que tous viennent se recueillir souvent sur ta tombe.

Je ne les ai jamais entendus prononcer ton prénom. Je l'ai appris de ma cousine C. Il me semblait vieux, quasi ridicule à l'adolescence. Aucune fille de l'école ne le portait. Encore maintenant, j'éprouve un malaise, une vague répugnance à l'entendre. Je le dis rarement. Comme s'il m'était interdit. Ginette.

Ils n'ont jamais rien dit des choses qui t'ont appartenu et qu'ils avaient gardées.

Ils m'ont fait dormir dans ton lit en bois de rose jusqu'à sept ans environ. Après, ils m'ont acheté un cosy et le petit lit a été démonté, les quatre panneaux, le châssis de bois et le sommier métallique remisés au grenier, remontés à l'occasion pour coucher un enfant de passage. Quand ma mère est venue vivre à Annecy avec nous, elle l'a apporté en même temps que ses autres meubles. Je l'ai entreposé au sous-sol où des déménageurs l'ont embarqué par er-

reur en Charente chez mes beaux-parents,
lesquels, sans me prévenir, s'en sont vite
débarrassés, comme ils me l'ont déclaré
avec un rire désinvolte, l'été 1971.

Ils m'ont fait aller en classe jusqu'en
sixième avec la serviette en maroquin brun
que tu avais eue pour entrer à l'école. Un
modèle que j'étais seule à avoir, d'un usage
malaisé : il fallait, en l'ouvrant, retourner
d'un coup sec les deux soufflets, sinon la
trousse et les cahiers tombaient en s'épar-
pillant. Parce que je l'avais toujours vue à
la maison, je croyais qu'elle avait été ache-
tée pour moi longtemps à l'avance, en pré-
vision du jour de ma première rentrée.
Je devais avoir plus de vingt ans quand j'ai
compris que cette serviette – qu'elle a toujours conservée pour ranger des papiers –
était la tienne.

Je retrouve ceci, écrit dans mon journal
en août 1992 : « Enfant – est-ce l'origine
de l'écriture ? – je croyais toujours être le
double d'une autre vivant dans un autre
endroit. Que je ne vivais pas non plus pour

de vrai, que cette vie était "l'écriture", la fiction d'une autre. Ceci est à creuser, cette absence d'être ou cet être fictif. »

C'est peut-être l'objet de cette fausse
lettre – il n'y en a de vraies qu'adressées
aux vivants.

Aujourd'hui seulement je me pose la
question pourtant si simple, qui ne m'est
jamais venue : pourquoi ne les ai-je jamais
interrogés sur toi, à aucun moment, pas
même adulte et mère à mon tour. Pourquoi ne pas leur avoir dit que je savais. Les
questionnements retardés, intimes ou col-
lectifs, ne révèlent jamais que l'impossibilité même de la question à un moment
donné. Dans les années cinquante, selon
une règle implicite, il était interdit d'in-
terroger les parents, les adultes en général,
sur ce qu'ils ne voulaient pas qu'on sache
mais que nous savions. Le dimanche d'été
de mes dix ans j'ai reçu le récit et la loi du
silence. S'ils ne voulaient pas que je sache
ton existence, c'est que je devais ne rien
demander. Me conformer à leur désir de
mon ignorance de toi. Il me semble que

transgresser la loi – mais je ne l'ai pas même imaginé – aurait été égal à proférer une obscénité devant eux, sinon pire, entraînant une sorte de cataclysme et un châtiment inusité que j'associe ici à la phrase du père de Kafka à son fils, telle que celui-ci la rapporte dans sa *Lettre au père* et que j'ai recopiée aussitôt la première fois que je l'ai lue, à vingt-deux ans, sur mon lit de la cité universitaire, *je te déchirerai comme un poisson*.

Souvenir d'avoir été terrifiée, à seize ans, chez ma tante Marie-Louise, quand celle-ci, oubliant dans son habituelle ébriété dominicale l'obligation de se taire, m'a dit *c'est ta sœur* en te désignant sur une photo que je n'ai pas même regardée, pressée de passer à la suivante dans mon affolement que lui et elle, qui se trouvaient près de là, aient entendu ces paroles et du même coup apprennent que je connaissais leur secret.

Nous avons maintenu la fiction au-delà de toute vraisemblance.

En juin 1967, le cercueil de mon père a été descendu dans la fosse ouverte juste à côté de ta tombe. Elle et moi nous avons feint de l'ignorer. L'été d'après, en vacances chez elle, je suis allée porter sur la tombe de mon père des fleurs cueillies dans le jardin. Je n'en ai pas mis sur la tienne, puisqu'elle ne m'avait rien dit. Même le lieu où tu reposes n'a jamais été nommé.

A un moment ils ont dû s'apercevoir – mais quand, à quels signes, je ne le saurai jamais – que j'étais au courant de ton existence. Il se faisait de plus en plus tard pour rompre le silence, le secret était trop vieux. C'était devenu trop compliqué pour eux de le lever. Il me semble que je vivais bien avec. Les enfants vivent mieux qu'on pense avec les secrets, avec ce qu'ils croient qu'il ne faut pas dire.

Il me semble que le silence nous a arrangés, eux et moi. Il me protégeait. Il m'évitait le poids de la vénération qui entourait certains enfants décédés de la famille avec une cruauté inconsciente pour les vivants qui me révoltait quand j'en étais le témoin.

A ma cousine C. sa mère ne cessait de vanter sa sœur Monique, morte à trois ans, qui aurait été, selon elle, *une beauté*. Eux, ils s'étaient interdit la possibilité de te brandir comme modèle, de me lancer en plein visage *elle était plus gentille que toi*.

Je n'avais pas envie qu'ils me parlent de toi. J'espérais peut-être qu'à la faveur de ce silence ils finiraient par t'oublier. Je vois la vérification de cette hypothèse dans le souvenir d'un trouble profond et inexplicable ressenti à chaque fois que, adulte, il m'a fallu admettre cette évidence : tu étais indestructible en eux.

En 1983, au médecin qui teste devant moi sa mémoire en fuite, au milieu de réponses folles, elle a celle-ci, la seule juste : *j'ai eu deux filles*. Elle ne se souvient pas de son année de naissance, à la place elle donne celle de ta mort, 1938.

En 1965, mon mari et moi, nous venons les voir, de Bordeaux, avec notre premier-né de six mois qu'ils ne connaissent pas encore. A notre descente de voiture, il est là, bouleversé par le bonheur de voir enfin son petit-fils et il s'écrie *la petite fille est arrivée !* Ce lapsus – dont je mesure aujourd'hui toute l'étendue, y compris de beauté – j'aurais voulu ne pas l'avoir entendu. Il me décourageait et m'assombrissait. Peut-être aussi qu'il me faisait horreur. Je ne désirais pas que tu sois ressuscitée en mon enfant, ressuscitée au travers de mon corps.

[N'est-ce pas une forme de résurrection de toi qui soit pure de tout lien de corps et de sang que je cherche au travers de cette lettre ?]

Ils se protégeaient eux aussi par leur silence. Ils te protégeaient. Ils te mettaient hors d'atteinte de ma curiosité, qui les aurait déchirés. Ils te gardaient pour eux, en eux, comme dans un tabernacle dont ils me défendaient l'accès. Tu étais leur sacré. Ce qui les unissait plus sûrement que tout, par-delà leurs disputes et leurs scènes continuelles. En juin 1952, il l'a traînée dans la cave, il voulait la tuer. Je me suis interposée. Je ne sais si c'est à cause de moi ou de toi qu'il ne l'a pas fait. Je me souviens avoir pensé juste après *il est fou comme quand elle est morte* et lui avoir demandé en pleurant, à elle, « est-ce qu'il a déjà été comme ça ? » espérant qu'elle dirait oui. Elle ne m'a pas répondu.

Je ne leur reproche rien. Les parents d'un enfant mort ne savent pas ce que leur douleur fait à celui qui est vivant.

Ils ont emporté dans la tombe, l'un après l'autre, la mémoire vivante de toi, de tout ce qui a été perdu en avril 1938. Tes premiers pas, tes jeux, tes peurs et tes détestations d'enfant, ton entrée à l'école, toute cette préhistoire de toi rendue atroce par la mort et que, à l'inverse, ils ont répétée à satiété s'agissant de moi. A mon enfance racontée, pleine d'anecdotes, ne correspond pour la tienne que le vide.

Je ne t'ai jamais prêté le moindre défaut, la moindre sottise enfantine, ni l'un de ces actes qui me valaient des « corrections » au même âge que toi, tel ce jour où j'ai coupé traîtreusement une boucle dans la chevelure de ma cousine C. en train de lire. Tu es l'impossibilité même de la faute et du châtiment. Tu n'as aucun des traits d'une enfant véritable. A la façon des saintes, tu n'as pas eu d'enfance. Je ne t'ai jamais imaginée réelle.

Mais pourquoi n'ai-je pas interrogé, quand il était encore temps, les oncles et les tantes qui t'avaient connue ? Denise, la cousine plus vieille que toi de quatre ou cinq ans, qui figure avec toi sur des photos, que je ne connaissais pas en raison d'une brouille avant-guerre entre ma mère et la sienne, est morte l'année dernière sans que j'aie jamais cherché à la rencontrer. Je ne voulais donc pas savoir. Te garder telle que je t'ai reçue à dix ans. Morte et pure. Un mythe.

Je me souviens d'une photo de toi, que j'ai vue longtemps sur la cheminée sans emploi de la chambre des parents, à côté de deux statues de la Vierge, l'une rapportée du voyage de Lourdes après ma guérison, enduite d'une peinture jaune qui la rendait

lumineuse dans la nuit, l'autre, plus an-
cienne, en albâtre, avec un étrange épi de
blé dans les bras. Une photo d'art retou-
chée, sous verre, insérée dans un pied en
métal. Ta tête seule émergeait d'un fond
neigeux, bleuté, avec tes coques lisses de
cheveux noirs à la Louise Brooks, ta bouche
foncée, comme maquillée, ta peau blanche,
que je vois légèrement rosie aux joues.

C'est cette photo perdue que j'aurais
voulu faire figurer au milieu de ces pages.
Ta photo de sainte, celle de mon imaginaire. Aucune des autres en ma possession.
L'hypothèse même d'exposer l'une d'elles
me glace, comme un sacrilège.

Avant de commencer cette lettre, j'étais
dans une forme de tranquillité à l'égard de
toi, qui est désormais pulvérisée. De plus
en plus, en écrivant, il me semble avancer
dans une contrée tourbeuse où il n'y a personne, comme dans les rêves, devoir fran-
chir, entre chaque mot, un espace rempli
d'une matière indécise. J'ai l'impression de

ne pas avoir de langue pour toi, pour te dire, de ne savoir parler de toi que sur le mode de la négation, du non-être continuel. Tu es hors du langage des sentiments et des émotions. Tu es l'anti-langage.

Je ne peux pas faire un récit de toi. Je n'ai pas d'autre souvenir de toi que celui d'une scène imaginée l'été de mes dix ans, une scène dans laquelle se confondent la morte et la sauvée. Je n'ai rien pour te faire exister, en dehors de l'image figée des photos, sans mouvement et sans voix puisque les techniques pour les conserver n'étaient pas vulgarisées. De même qu'il y a eu les morts sans photographie, tu fais partie des mortes sans enregistrement audio et vidéo.

Tu n'as d'existence qu'au travers de ton empreinte sur la mienne. T'écrire, ce n'est rien d'autre que faire le tour de ton absence. Décrire l'héritage d'absence. Tu es une forme vide impossible à remplir d'écriture.

Je ne pouvais pas ou je ne voulais pas –
les deux fusionnent quand il s'agit du soi
passé – entrer dans leur douleur. Elle
m'était antérieure, étrangère. Elle m'ex-
cluait.

Je n'aimais pas la deviner dans sa manière à elle, vibrante, désespérée, de chanter
dans les processions le cantique à la Vierge
j'irai la voir un jour dont le refrain *au ciel au
ciel au ciel* montait jusqu'au déraillement
des voix – dans ses accès subits de mutisme
à lui, son air de penser brutalement à autre
chose, et sa crainte perpétuelle, au moindre
de mes retards après la classe, une séance
de cinéma, une promenade à vélo, qu'il me
soit *arrivé quelque chose*, à quoi je répondais
avec orgueil et mauvaise foi, *qu'est-ce que tu
veux qu'il m'arrive*.

Mais leur douleur, longtemps, je l'ai
entendue sans l'identifier, connue sans la
reconnaître

dans la plainte rauque de la chatte à
laquelle on arrachait ses petits pour les
enterrer vivants à la mode paysanne et que
j'ai décidé un jour de déterrer aussitôt,
entraînant dans l'entreprise une cousine

qui s'en souvient encore et recevant de sa part à lui, qui les avait enfouis, la première et dernière claque qu'il m'ait jamais donnée

dans l'évangile de Matthieu, ces paroles du prophète Jérémie, *Rachel qui pleure ses enfants dans le désert et elle ne veut pas être consolée parce qu'ils ne sont plus*

dans *la raison perdue* de Du Périer à qui Malherbe adresse une imbécile Consolation de cuistre sur la mort de sa fille, et il fallait l'apprendre par cœur en quatrième

dans le seul vers de Chénier que j'ai retenu *Elle a vécu, Myrto, la jeune Tarentine*

Je ne vivais pas dans leur douleur, je vivais dans ton absence.

C'est seulement en recevant, il y a treize ans, une lettre d'un voisin de Lillebonne, garçonnet à l'époque de ta mort, Francis G., que je me suis pour la première fois approchée de leur douleur. Il écrivait : « Tous les gens de la Vallée, et beaucoup d'autres, se souviennent bien de vos parents, de votre

sœur Ginette décédée à l'âge de six ans de
la diphtérie. Mes cousines [Yvette et Jacqueline H.] me disaient que pendant plus
de huit jours les clients n'osaient plus venir
à l'épicerie. Tellement c'était triste de voir
la peine de vos parents. Peut-être aussi par
peur de la terrible maladie. » Comme s'il
m'avait fallu les mots des témoins vivants
de l'événement pour que je sois traversée
par la réalité de leur souffrance.

Si je fais défiler la nomenclature des sentiments, je n'en trouve aucun de moi pour
toi dans mon enfance et au-delà. Ni haine,
sans objet puisque tu es morte, ni tendresse,
rien de ce que suscite un humain, proche
ou lointain, dans un autre. Une blancheur
de sentiments. Une neutralité, tout au plus
ombrageuse si je suspectais ta présence in-
nommée dans leurs réflexions au sujet de
« la tombe ».

Ou alors, peut-être, une peur obscure.
Que tu te venges.

Je ne me souviens pas avoir pensé à toi. La nouveauté incessante du savoir offert à mon appétit et ma fierté, le latin ! l'algèbre ! les constructions imaginaires autour de l'amour et du sexe m'occupaient toute. Que pouvait bien peser l'image sans substance d'une petite fille disparue avant la guerre dans le présent d'une adolescente, qui n'avait pas même le désir de se souvenir de l'enfant qu'elle avait été et qui rêvait de l'avenir ? Par rapport à tout ce qui arrive, d'heureux – avoir ses règles, tomber amoureuse, lire *Une vie*, *Les Fleurs du mal* – et de malheureux – le dimanche de 1952 – ou à ce qui n'arrive pas dans l'ennui torpide des vacances d'été à Yvetot mais qui arrivera – promis par le froid allègre des matins d'école, les chansons d'amour et l'air absorbé des étudiantes descendant le samedi du train de Rouen – ta mort ne devait pas compter beaucoup.

Tu avais pour toujours six ans et moi j'avançais de plus en plus dans le monde, avec – j'en trouverai à vingt ans la définition dans un poème d'Eluard – mon « dur

58

désir de durer ». A toi il n'était arrivé que
la mort.

Je voulais vivre. J'avais peur des mala-
dies, du cancer. Un été, à treize ans, je n'ai
rien dit d'une légère boiterie qui m'était re-
venue, la compensant par du papier dans
ma chaussure à l'endroit du talon, de
crainte qu'on me remette dans le plâtre et
qu'on m'envoie à Berck-Plage. Peut-être
que j'ai tiré ma force de toi, de ta mort et
d'une survie que j'estimais miraculeuse.
Que tu m'as donné un surplus d'énergie,
une fièvre de vivre, la même qu'éprou-
vaient dans les années soixante les étu-
diants du sanatorium de Saint-Hilaire-du-
Touvet, hantés qu'ils étaient, malgré la
découverte des antibiotiques, par les morts
encore toutes proches dues à la tuberculose,
et je choisirai – est-ce un hasard – de me
marier avec l'un d'entre eux, qui avait intitulé son journal intime « L'agonie ».

J'étais consciente de mes avantages
d'enfant unique, d'enfant après la mort
d'un autre, objet d'une sollicitude inquiète,
choyée. Lui me voulait d'abord heureuse,

elle, *quelqu'un de bien*, l'addition de leurs désirs me faisait, au sein de la famille et de notre quartier ouvrier, une existence enviée de privilégiée qu'on n'envoie jamais au pain, qui répond « je ne sers pas » aux clients sous prétexte qu'elle continue ses études. Tu étais leur chagrin, je savais que j'étais leur espoir, leur complication, leurs événements, de la première communion au bac, leur réussite. J'étais leur avenir.

Je calculais parfois l'âge que tu aurais eu – approximativement, parce que j'ai ignoré longtemps l'année précise de ta naissance – avec tes huit ou dix ans de plus que moi. L'écart était infini. Il fallait que je te représente en grande jeune fille, comme celles qui venaient à la boutique et me considéraient comme une gosse sans importance. Je ne regrettais pas une sœur pareille à elles, qui m'aurait dominée de la supériorité de son âge, de ses seins, de son savoir et de ses droits. Avec toi je n'aurais rien partagé. L'idée d'une sœur plus jeune, voire bébé, m'agréait davantage, comme d'une poupée vivante.

Mais toi et moi étions destinées à rester uniques. Leur volonté de n'avoir qu'un seul enfant affichée dans leurs propos *on ne pourrait pas faire pour deux ce qu'on fait pour un* impliquait ta vie ou la mienne, pas les deux.

Il m'a fallu presque trente ans et l'écriture de *La Place* pour que je rapproche ces deux faits, qui demeuraient dans mon esprit écartés l'un de l'autre – ta mort et la nécessité économique d'avoir un seul enfant – et pour que la réalité fulgure : je suis venue au monde parce que tu es morte et je t'ai remplacée.

Je ne dois pas éviter cette question : si je n'avais pas eu envie d'écrire au plus près de la réalité dans ce livre-là, *La Place*, serais-tu remontée de la nuit intérieure où je t'ai tenue pendant des années ? Est-ce que c'est d'écrire que tu es re-née, de cette descente, à chaque livre, dans ce que je ne connais pas d'avance, comme ici, où j'ai l'impression d'écarter des voilages qui se multiplient sans arrêt dans un corridor sans fin ?

Ou bien, le fond de l'air psychanalysateur ne m'aurait-il pas menée, de toute façon, à mon insu, vers toi, en me soumettant à l'injonction de soulever l'arrière-fond de l'écriture pour y débusquer le fantôme qui, paraît-il, s'y cache toujours, dont l'écrivain ne serait que la marionnette ? Et ainsi ne devrais-je pas te considérer, dans cette lettre, comme une création de la psychanalyse, de son acharnement à ce que, dans un retour au primitivisme, nous n'échappions jamais aux morts ?

Le « tu » est un piège. Il a quelque chose d'étouffant et il instaure de moi à toi une intimité imaginaire avec des relents de grief, il rapproche pour reprocher. Subtilement, il tend à faire de toi la cause de mon être, à rabattre la totalité de mon existence sur ta disparition.

Car la tentation est grande de faire remonter à toi certains de mes schémas, fondés sur une pesée rigoureuse entre le bonheur et la souffrance. Comme ma

crainte que tout moment de plaisir soit suivi
d'un chagrin, toute réussite d'un châtiment
inconnu. Ou, par un retournement du
même principe d'équivalence, ce calcul que
je pratique sous toutes ses formes, sexuelle
exceptée, depuis l'adolescence : souffrir
en vue d'obtenir un bonheur ou une réussite. Principe qui m'a conduite jadis à passer
le bac habillée d'une vieille jupe plissée dé-
modée pour être reçue, à supporter stoïque-
ment des tortures dentaires dans l'espérance
que celles-ci feraient revenir un amour
parti. Alors que, dans ce sacrifice qui « rapporte », il s'agit plus sûrement d'un détour-
nement à des fins égoïstes de l'obligation
chrétienne d'offrir ses souffrances pour le
salut des pécheurs.

Es-tu en moi une fiction de la religion
chrétienne ? La *présence réelle* de l'hostie –
que j'ai déchiquetée du bout de la langue
parce qu'elle s'était collée au palais, le jour
de ma communion solennelle, et j'ai cru
alors que j'étais en état de péché mortel, ag-
gravant de mois en mois ma noirceur par
la terreur d'avouer cette faute en confession
et tombant ainsi, de mauvaise communion

en mauvaise communion, dans la certitude de ma damnation.

Je ne fais ici que courir après une ombre.

Plutôt qu'en moi, peut-être devrais-je te chercher hors de moi, dans ces filles que j'aurais voulu être, ces élèves des classes supérieures que, de noter ici leurs noms, Madeleine Tourmente, Françoise Renout, Janine Belleville, c'est redevenir l'enfant en blouse bleue du cours moyen ou de sixième qui guettait dans la cour de récréation ces déesses mystérieuses dont je n'attendais aucun regard encore moins une parole. Juste les voir.

Ou, plus sûrement, dans les scènes de romans et de films, dans les tableaux qui m'ont troublée sans savoir pourquoi – jamais oubliés. C'est sans doute là qu'il faut te chercher, dans ce répertoire personnel de l'imaginaire, illisible à tous les autres, pour te découvrir, par un travail que personne ne peut se targuer d'effectuer à notre place. Je sais déjà que c'est toi dans *Jane Eyre,* glissée dans la sage et pieuse

Helen Burns, l'amie plus âgée de Jane, à la sinistre pension Blockhurst. Helen, consumée de tuberculose et que Jane, miraculeusement indemne du typhus qui décime les élèves, va retrouver un soir à l'infirmerie. Elle l'invite à venir dans son lit.

« Vous êtes venue me dire adieu ? Je crois que vous arrivez juste à temps.

— Allez-vous quelque part, Helen ? Allez-vous chez vous ?

— Oui je vais au tombeau où j'aspire, pour l'ultime séjour.

— Non, non, Helen !

— Mais où allez-vous Helen ? Le voyez-vous ? Le savez-vous ?

— Je crois, j'ai la foi, je vais à Dieu.

— Où est Dieu ? Qu'est-ce que Dieu ? »

Au matin on arrache Jane endormie et enlacée à Helen, qui est morte.

J'ai devant moi une photo que ma
cousine C. m'a envoyée il y a une vingtaine
d'années. Vous êtes trois sur un trottoir, à
l'angle de deux rues. Mon père, grand, souriant, en costume croisé foncé, très endi-
manché, un chapeau à la main (je ne lui ai
connu que des bérets). A côté de lui une
communiante, sa nièce Denise, en longue
robe blanche et dont on ne voit que le visage, encadré par le bonnet auquel s'attache
le voile, et les chevilles. Devant elle, une
petite fille, dont la tête brune lui arrive
à la poitrine. C'est toi. Tu es aussi tout en
blanc, la robe à manches courtes, les sanda-
lettes et les socquettes. Tes cheveux coupés
au carré juste au-dessous des oreilles, raie
au milieu, nœud piqué à gauche, forment
un arc sombre, d'une étrange perfection,

autour de ton front très haut, bombé. Tu regardes l'objectif sans sourire avec un air de gravité. Ta bouche paraît d'un rouge sombre, détail frappant, comme aussi ton geste : tu fais se toucher les extrémités des doigts, largement écartés, de tes deux mains. A cause du blanc superposé des robes, tu sembles te fondre dans la communiante dont le voile te recouvre le haut des bras. Derrière le groupe, sur le mur, une affiche aux grosses lettres lisibles, *La vie chère – Réformes sociales dans l'alimentation – Augmentation de salaires – Les congés payés – Les 40 heures*. Au loin, un grand bâtiment à l'enseigne de « La Méditerranée », vers lequel s'acheminent des silhouettes indécises. Les habits de cérémonie du groupe contrastent avec la désolation vague de l'endroit, un quartier urbain semi-industriel. La photo a été prise au Havre en 1937. Tu as cinq ans. Il te reste un an à vivre.

Je regarde ton visage sérieux, tes doigts écartés par jeu, tes jambes frêles. Sur la photo, tu cesses d'être l'ombre maléfique de mon enfance, tu n'es plus la sainte. Tu es une petite fille sortie brutalement du temps dans une épidémie de diphtérie, arrachée de la surface d'un monde qui, en cette minute, ce jour-là, de fête, avait la forme et la substance d'un trottoir large à bordure de ciment dans un quartier populaire du Havre.

L'étendue de ma vie, gagnée à l'infini sur la tienne, me submerge. Tout est innombrable derrière moi, les choses vues, entendues, apprises et oubliées, les femmes et les hommes côtoyés, les rues, les soirs et les matins. Je me sens débordée par la profusion des images.

Très loin, mais si nettes, il y a les toutes premières, à Lillebonne :

la salle de café avec le billard, les tables de marbre parallèles, les silhouettes indistinctes des clients excepté celles d'un couple attablé, les Foldrain, dont la femme n'avait plus que deux ou trois dents

la cuisine séparée de l'épicerie par une porte vitrée et qui donnait sur la courette pavée

la salle à manger en haut de l'escalier avec sur la table des fleurs en celluloïd noir et orange emmêlées dans une coupe

la chienne Poupette, à poil court et sans
cesse tremblante, qui tuait les rats apportés
par la rivière

la masse brune des filatures Desgenétais
et leurs immenses cheminées cerclées de fer

le moulin et sa roue verdâtre

J'ai mis ces images dans mes livres. Il est
si étrange de penser qu'elles ont été aussi les
tiennes. Encore plus de constater que, toi
et moi, nous existons ensemble dans la mémoire des gens, comme me le montre ce passage de la lettre de Francis G. en 1997 : « Ma
cousine Yvette m'a raconté qu'elle allait par
beau temps sortir votre sœur Ginette, elle
la promenait sur la route qui mène à la
Trinité-du-Mont. Jacqueline, elle, se souvient qu'elle vous prenait dans ses bras lorsque vous étiez tout bébé et qu'à cette époque
vous aviez les deux petites jambes dans le
plâtre et que Mme Duchesne me recom-
mandait de bien faire attention surtout. »

Je revois, floutés, des gens de Lillebonne
qui t'ont connue, dont les noms ont brui

autour de toi, les Meurget, Bordeaux, Vin-
cent, Eude, Tranchant, l'abbé Leclerc et
les propriétaires du moulin, les Bosch, qui
avaient un singe comme animal de com-
pagnie. J'entends les noms de rues et d'en-
droits que tu as entendus, où je ne suis
jamais retournée depuis 1945, les rues Césa-
rine et Goubert-Moulin, La Frenaye, Le
Becquet.

Je me souviens des grands-parents, des
oncles et des tantes, des cousins et des cousines qui se souvenaient de toi. J'ai écrit
d'eux.

L'une et l'autre nous avons émergé à la
conscience au milieu du même monde. La
chaleur et le froid, la faim et la soif, la nourriture, le temps qu'il fait, tout ce qui existe
a été énoncé pour nous avec les mêmes
voix, les mêmes gestes et dans le même langage, ce français dont j'apprendrai à l'école
qu'il n'est pas le « bon ».

Nous avons été bercées des mêmes chansons. Lui, c'était *Quand tu seras dans la purée
reviens vers moi*, elle, *Le temps des cerises* et
un air triste *C'est l'amour qui flotte dans l'air*

à la ronde, C'est l'amour qui console le pauvre
monde.

Nous sommes nées du même corps. Je
n'ai jamais voulu le penser réellement.

Je me revois dans la cuisine, à Lillebonne,
c'est le soir après souper, le commerce est
fermé. Je suis blottie contre sa poitrine, sur
ses genoux, elle chante *Sur le pont du Nord*,
il est assis en face d'elle

un dimanche gris, à Yvetot, on se pro-
mène et ils me tiennent par la main, je regarde leurs chaussures avancer sur la route
caillouteuse, et les miennes à côté, toutes
petites.

Dans ces images-là, je ne t'imagine jamais à ma place. Je ne peux pas te voir là où
je me vois avec eux.

Je ne peux pas te mettre là où j'ai été.
Remplacer mon existence par la tienne. Il y
a la mort et il y a la vie. Toi ou moi. Pour
être, il a fallu que je te nie.

En 2003, dans mon journal, revoyant la
scène du récit : « Je ne suis pas *gentille*
comme elle, je suis exclue. Donc je ne serai

pas dans l'amour, mais dans la solitude et l'intelligence. »

Il y a plusieurs années, je suis passée à Lillebonne, dans le quartier de la Vallée. J'ai revu de l'extérieur, rue de la Tannerie, le café-épicerie où nous sommes nées toutes les deux, devenu, depuis les années soixante-dix avais-je appris, une habitation particulière. Sur la façade, crépie d'un blanc agressif détonnant au milieu du gris de ses voisines, entièrement refaite – la porte de l'épicerie transformée en une fenêtre – tous les signes de l'ancien commerce avaient été effacés. Je n'avais pas eu envie de revoir l'intérieur. Tout en sachant que la réalité ne se conserve pas d'elle-même, qu'il faut consolider, repeindre et retapisser sans cesse, je redoutais par avance la blessure qu'infligent à la mémoire la rénovation et les meubles des autres.

L'été dernier, avant même de penser à entreprendre cette lettre, le désir m'est venu d'entrer cette fois dans la maison, désir de

plus en plus impérieux au fur et à mesure que je rencontrais des difficultés pour joindre les occupants actuels, puis vaincre leurs réticences, légitimes mais insupportables, à m'ouvrir leur porte. C'était comme si j'en attendais une forme de révélation dont, par ailleurs, je n'imaginais pas l'usage, écrire possiblement, mais c'était secondaire.

Après un échange de lettres et de mails, les propriétaires, un couple dans la cinquantaine, m'ont autorisée à pénétrer dans la maison, en avril dernier. C'était la première fois depuis 1945.

Au rez-de-chaussée, tout m'a paru transformé, les cloisons avaient été abattues pour ne former qu'une seule pièce. Je n'ai reconnu que le plafond très bas – j'aurais presque pu le toucher avec mon bras tendu – et la courette au bord de la rivière. Les cabinets, la buanderie et le local à lapins avaient disparu. A l'étage, il m'a semblé qu'une cloison avait été rajoutée pour créer un couloir étroit – absent de mon souvenir – entre les deux pièces sur rue et les deux autres sur cour. La première, à droite, était la chambre du couple comme autrefois elle avait été celle des parents. Le lit était orienté de façon identique, parallèlement à la fenêtre. Tout correspondait, en plus petit, à mon souvenir. Sans doute, si l'on m'avait amenée dans cette chambre les yeux bandés et sans m'avertir du lieu de la destination, je n'aurais pas su dire où je me trouvais mais, en la circonstance, je ne pouvais avoir aucun doute sur l'identité de cette chambre – garantie par la présence de la fenêtre du côté de la rivière, exactement comme j'en ai toujours conservé la vision – avec celle de 1945.

Je regardais le lit, je tâchais de lui substituer celui des parents, de voir à côté le petit lit en bois de rose. Je n'avais pas de véritable pensée, juste, « c'est là ». J'éprouvais une sorte de sensation plénière, faite d'étonnement et de contentement obscur de me trouver là, dans ce lieu précis du monde, entre ces murs, près de cette fenêtre, d'être ce regard qui contemple la chambre où tout a commencé pour l'une et pour l'autre, l'une après l'autre. Où tout s'est joué. La chambre de la vie et de la mort qui était baignée de lumière en cette fin d'après-midi. Le lieu de l'énigme du hasard.

Ici, tantôt je vois la chambre lumineuse d'avril dernier, je sens la présence dérangeante de la propriétaire à mes côtés, la chaleur, tantôt je suis dans l'autre, crépusculaire, confuse, en petite ombre allongée entre les parois de mon lit d'enfant. La première où rien n'a été vécu s'éliminera d'elle-même dans un délai plus ou moins bref, il en est toujours ainsi dans mon expérience, déjà j'ai oublié la couleur du dessus-de-lit, les meubles. L'autre est indestructible.

Peter Pan s'est enfui par la fenêtre ouverte après avoir vu ses parents penchés au-dessus de son berceau. Un jour il revient. Il trouve la fenêtre fermée. Dans le berceau, il y a un autre enfant. Il s'enfuit de nouveau. Il ne grandira jamais. Dans certaines versions, il vient dans les maisons chercher les enfants qui vont mourir. Tu ne connaissais sans doute pas cette histoire, moi non plus avant la classe d'anglais de quatrième. Je ne l'ai jamais aimée.

Le 7 novembre 1945, trois semaines après leur retour à Yvetot, ils ont acheté une concession au cimetière juste à côté de toi. Il y a été déposé le premier, en 1967, elle, dix-neuf ans après. Je ne serai pas enterrée en Normandie, près de vous. Je ne l'ai jamais souhaité ni imaginé. L'autre fille, c'est moi, celle qui s'est enfuie loin d'eux, ailleurs.

Dans quelques jours j'irai sur les tombes, comme d'habitude à la Toussaint. Je ne sais pas si j'aurai cette fois quelque chose à te dire, si c'est la peine. Si j'aurai de la honte ou de la fierté d'avoir écrit cette lettre, dont le désir de l'entreprendre me reste opaque. Peut-être que j'ai voulu m'acquitter d'une dette imaginaire en te donnant à mon tour l'existence que ta mort m'a donnée. Ou bien te faire revivre et remourir pour être quitte de toi, de ton ombre. T'échapper.

Lutter contre la longue vie des morts.

Evidemment, cette lettre ne t'est pas destinée et tu ne la liras pas. Ce sont les autres, des lecteurs, aussi invisibles que toi quand j'écris, qui la recevront. Pourtant, un fond de pensée magique en moi voudrait que, de façon inconcevable, analogique, elle te parvienne comme m'est parvenue jadis, un dimanche d'été, peut-être celui où Pavese se suicidait dans une chambre de Turin, la nouvelle de ton existence par un récit dont je n'étais pas non plus la destinataire.

Octobre 2010

Du même auteur

Les Armoires vides, Gallimard, 1974.
Ce qu'ils disent ou rien, Gallimard, 1977.
La Femme gelée, Gallimard, 1981.
La Place, Gallimard, 1984.
Une femme, Gallimard, 1988.
Passion simple, Gallimard, 1992.
Journal du dehors, Gallimard, 1993.
« Je ne suis pas sortie de ma nuit », Gallimard, 1997.
La Honte, Gallimard, 1997.
La Vie extérieure, Gallimard, 2000.
L'Evénement, Gallimard, 2000.
Se perdre, Gallimard, 2001.
L'occupation, Gallimard, 2002.
L'Usage de la photo, en collaboration avec Marc Marie, Gallimard, 2005.
Les Années, Gallimard, 2008.

Composé par Nord Compo Multimédia
7, rue de Fives, 59650 Villeneuve-d'Ascq

Cet ouvrage a été achevé d'imprimer en avril 2011
sur les presses de Normandie Roto Impression s.a.s.
à Lonrai (Orne)
N° d'édition : 51749/05 – N° d'impression : 111404
Dépôt légal : mars 2011
Imprimé en France

R.C.L.

JUIL. 2011

G